Julie Birmant & Clément Oubrerie

PABLO

1. Max Jacob

Adaptation : Jul
Couleur : Sandra Desmazières

DARGAUD

PARIS BARCELONE BRUXELLES HONG KONG LAUSANNE LONDRES MONTRÉAL NEW YORK SHANGAI

http://www.oubrerie.net

www.dargaud.com

Directrice de collection : Gisèle de Haan

Certifié PEFC
Ce produit est issu
de forêts gérées
durablement et de
PEFC   sources recyclées
et contrôlées.
10-31-1800   pefc-france.org

Ça fait longtemps que plus personne
ne fait attention à moi...

Depuis le temps, ils me croient morte.

De toute façon, ils ont toujours voulu me faire disparaître.

И вот известный ателье Пикассо

J'ai porté plein de noms, Amélie Lang, Madame Paul Percheron...

Тепер посмотрим дом Далида

Mais à l'époque, tout le monde me connaissait sous le nom de

FERNANDE!

?

FERNANDE! PABLO!

DÉPÊCHEZ-VOUS, LÀ!

PAPA N'A PAS ENVIE DE TOMBER DANS LES EMBOUTEILLAGES DU WEEK-END.

4

OH! PABLO, TU ARRÊTES D'EMBÊTER TA SŒUR!

La jeunesse à Montmartre en 1900, c'était la cruauté, la violence, la folie -

Dans cette crasse, dans ce bidonville où une bande d'immigrés loqueteux inventait l'art moderne...

Picasso m'a aimée, Picasso m'a peinte...

Il a beau avoir voulu m'effacer...

il m'a rendue éternelle

À l'automne 1900, je n'étais pas encore celle dont le visage serait connu par les amateurs d'art du monde entier.

VIVE LES MARIÉS !

BRAVO!

"La belle Fernande" peinte plus de cent fois par Picasso.

6

À l'automne 1900, j'étais perchée sur un arbre, mariée de force à un homme dont je ne voulais pas,

BURP

et personne n'avait jamais entendu parler de Picasso.

EXCUSEZ-MOI.

Par-dessus le marché, j'étais enceinte

♪ Meunier, Meunier ♪
♪ tu es cocu ♪♪

J'avais dix-sept ans,

♪ J'ai vu ta femme
le cul tout nu ♪♪

et l'impression
d'en avoir cinquante.

Au même moment, un jeune homme, le jour anniversaire de ses dix-neuf ans, franchissait la porte monumentale de l'Exposition universelle.

Pour la première fois de sa vie, Pablo Ruiz Picasso découvrait Paris.

TÉ ! MIRA, PABLO. MÊME LA STATUE A L'AIR DE NOUS ATTENDRE. *

HÉ, LA PARISIENNE !

TU CHERCHAIS UNE MARRAINE EN VILLE : EN VOILÀ UNE QUI A DE LA GUEULE.

* Les bulles grises sont en catalan

8

ENVOIE-LUI UN BAISER.

CUIDA ME !

VOUS ALLEZ VOIR : DÈS QUE LE SOIR TOMBE, TOUT S'ILLUMINE, C'EST ÉPOUSTOUFLANT.

OOOOH !

TU LUI PLAIS, ON DIRAIT.

AAAAAH !

Deux adolescents espagnols en goguette : Pablo pas voir exposé son premier tableau (sans intérêt) sélectionné par l'Expo...

ALLEZ, LES POTES NOUS ATTENDENT AU GRAND PALAIS.

...et Carlès Casagemas, le joli garçon dont la fortune familiale finançait l'escapade parisienne (le père de Pablo ayant seulement payé le billet de train).

Le monde entier convergeait vers les fantaisies extravagantes qui habillaient Paris.

NONELL !

RAMON !

HÉHO, LES BLANCS-BECS !

POURQUOI TU TRIMBALLES TES TOILES COMME UN MARCHAND DE TAPIS ? T'ESPÈRES VENDRE ÇA ICI ?

LE GLOBE TERRESTRE !

FALLAIT LAISSER ÇA À L'HÔTEL !

La rue de l'Avenir était un trottoir roulant actionné sur des kilomètres.

EUH... ET À PROPOS D'HÔTEL, VOUS AVEZ UNE ADRESSE PAS TROP CHÈRE ?

TU TOMBES BIEN, GAMIN! JE LAISSE MON ATELIER LIBRE, JE PEUX VOUS LE PRÊTER UN MOMENT...

Nonell, Miguel Utrillo, Ramon Casas...

...MAIS INTERDICTION D'Y DORMIR SEUL.

AH! AH! AH!

Installés à Paris, ces vieux rapins de Barcelone faisaient figure de grands seigneurs...

VENEZ QU'ON VOUS PRÉSENTE LES SŒURS GARGALLO.

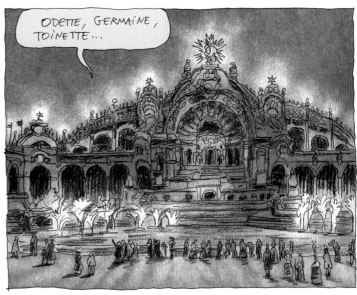

11

Un artiste pouvait poser son chevalet n'importe où sans que personne ne lui fasse de remarque...

On était à des années-lumière de l'Espagne austère et pudibonde de Carlès et Pablo.

ACCROCHEZ-VOUS, ÇA VA DÉMARRER !

COMME C'EST BEAU !

MADRE DE DIOS.

!

Le lendemain, Nonell laissait les clés du 49 rue Gabrielle.

C'EST BEAU, LA VIE.

QU'EST-CE QU'ON FAIT ?

ON IMITE LES REPASSEUSES D'HIER SOIR ?

J'AI RENDEZ-VOUS CET APRÈS-MIDI AVEC MAÑACH, IL M'A DIT QU'IL POURRAIT PEUT-ÊTRE DEVENIR MON AGENT À PARIS.

HOP!

VU TON TALENT ET TA RAPIDITÉ, IL A FLAIRÉ LE BON CHEVAL.

IL PARAÎT QUE SON FRIC VIENT DE L'INDUSTRIE.

MAUVAIS POINT.

MAIS QU'IL EST PROCHE DES ANARCHISTES.

BON POINT.

ET QU'IL A QUASIMENT LE MÊME ÂGE QUE NOUS.

MAUVAIS POINT.

ON DOIT ALLER VOIR UNE MARCHANDE QUI POURRAIT M'ACHETER DES TOILES.

BON POINT.

SI ÇA MARCHE, MAÑACH ME PROPOSE UN CONTRAT D'EXCLUSIVITÉ À 150 F PAR MOIS.

QUOI !?

TOI, MON SALAUD, TU AS TOUJOURS UNE BONNE ÉTOILE.

EN ATTENDANT, C'EST TOI QUI COUCHES AVEC LA FILLE LA MIEUX.

14

BON, J'AI RÉUSSI À PLACER CINQ DE TES PASTELS CHEZ BERTHE WEILL... MAIS NE T'ATTENDS PAS À TOUCHER UN CENTIME AVANT QU'ELLE N'AIT TOUT VENDU.

C'EST TOI L'AGENT.

Pierre Mañach. Celui-ci a toujours su de quel côté sa tartine était beurrée.

TU VAS VOIR, C'EST UNE VRAIE SORCIÈRE, SA BOUTIQUE UN TROU POUSSIÉREUX, MAIS TOUS LES AMATEURS S'Y PRESSENT.

BOULANGE

À ELLE, ON LA LUI FAIT PAS : LA VIEILLE A DU FLAIR ET IL PARAÎT QU'ELLE PLANQUE SON ARGENT DANS SES CHAUSSETTES.

OBJETS D'ART

BONJOUR !

LA PORTE !

VOUS VOUS CROYEZ SUR LES RAMBLAS, MAÑACH ?

JE VOUS AMÈNE RUIZ PICASSO DONT JE VOUS AI PARLÉ.

LE "PETIT GÉNIE" ?

CELUI QU'EST "ENTRÉ AUX BEAUX-ARTS À QUATORZE ANS" ? MOUAIS...

JE NE VOUS PROPOSE PAS DE SIÈGE.

VUILLARD.

ÇA SENT BON, CHEZ VOUS. VOUS FAITES DE LA COMPOTE ?

BON. J'AVAIS GARDÉ QUELQUES-UNS DE VOS DESSINS. BIZARREMENT, J'AI TOUT VENDU.

APPAREMMENT, IL Y A UN PUBLIC.

CINQ, HUIT, VINGT...

LE COMPTE Y EST... REVENEZ ME VOIR SI VOUS AVEZ D'AUTRES BRICOLES, À L'OCCASION.

AU BOULOT, PICASSO !

VERMINE JUDAÏQUE !

TIENS, DEGAS. ÇA FAISAIT LONGTEMPS !

?

EDGAR DEGAS.

PRESQUE AVEUGLE, MAIS TOUJOURS AUSSI ANTISÉMITE. C'EST LE VOISIN DE LA MÈRE WEILL.

SANGSUE LEVANTINE !

Un agent, une fiancée : Picasso était paré pour affronter la vie parisienne.

MOI, PABLO, JE L'ADORE. IL EST SI DRÔLE QUAND IL ESSAIE DE PARLER FRANÇAIS.

AH ?

TU DIS ÇA PARCE QU'IL TOUCHE DE L'OSEILLE, MAINTENANT.

TOI, TON CARLÈS, NON SEULEMENT IL A DE LA GALETTE, MAIS EN PLUS IL EST BEAU.

MOUAIS.

QUOI ?

NON, RIEN.

49, RUE GABRIELLE. ON Y EST, LES FILLES.

C'EST QUI, LE TROISIÈME AVEC EUX ?

UN AUTRE ESPINGOUIN DES BEAUX-ARTS : PALLARÈS.

AUSSI RASTAQUOUÈRE QUE LES DEUX AUTRES : TOUT À FAIT TON GENRE.

OH, LES REPASSEUSES !

OLÀ CORAZONES !

JE SUIS VENUE AVEC MA SŒUR ODETTE.

BIENVENUE DANS LE TEMPLE DE L'ART ET DES COCHONNERIES.

JE NE COMPRENDS RIEN.

UNE FINE ?

REGARDE LES TABLEAUX !

L'atelier devint dès lors un haut lieu de débauche et de création.

Le seul problème, c'était les scènes de ménage perpétuelles entre Casagemas et Germaine.

PAUVRE TYPE !

TRAÎNÉE !

Le jeune peintre romantique explosait en crises de nerfs aussi violentes qu'inexpliquées.

GARCE !

QU'EST-CE QUI SE PASSE ?

À DEUX HEURES DU MAT ? ILS SONT CINGLÉS.

Il se mit à boire, à sortir à demi nu pour faire du grabuge.

GERMAINE T'AIME, TU L'AIMES, OÙ EST LE PROBLÈME ?

FICHEZ-MOI LA PAIX.

SI ON DOIT TRAVAILLER À SIX DANS UNE PIAULE, IL FAUT DE L'ORDRE.

JE SAIS, ON N'A QU'À ÉCRIRE UN RÈGLEMENT.

DÉJEUNER À TREIZE HEURES.

PUIS, JUSQU'À VINGT HEURES, LES FEMMES FONT LE MÉNAGE ET SURTOUT EMBRASSENT LES HOMMES ET SE LAISSENT TOUCHER.

HI HI.

ILS SONT GONFLÉS !

REGARDE LES FAUTES D'ORTHOGRAPHE.

Malgré cela, le caractère de Casagemas ne fit qu'empirer.

OÙ TU VAS ?

J'AI RENDEZ-VOUS.

JE TE L'INTERDIS !

TU TE PRENDS POUR QUI ? LE ROI D'ESPAGNE ?

OH ! Y EN A QUI BOSSENT, LÀ !

SI TU VAS ENCORE VOIR UN DE TES AMIS MINABLES...

"MINABLES"?

EUX, AU MOINS, ILS SAVENT SE SERVIR D'AUTRE CHOSE QUE D'UN PINCEAU !

ÇA RECOMMENCE !

Salut Norell ! Ici, toujours le paradis, sauf pour Carlès qui perd les pédales. Avec la chasse aux anarchistes lancée par la police française, ses débordements vont finir par nous faire expulser. Il boit, il casse des chaises dans les cafés... tout ça pour une poule de Montmartre qui, Dieu sait pourquoi, le rend chèvre !

Tu vois d'ici la ménagerie. Bref, je crois bien que c'est le moment qu'on se mette au vert le temps que tout ça se calme un peu...

Pablo n'eut pas trop de mal à convaincre son ami des bienfaits d'un séjour espagnol.

Ils confièrent les filles et l'atelier à Manuel Pallarès

S'IL TOUCHE À GERMAINE, JE LE TUE.

IL FAUDRAIT QUE JE CRÉE UNE REVUE D'ART GÉNIALE.

Barcelone !

ET CES TOILES POUR MAÑACH ?

OH, ET PUIS QU'IL AILLE AU DIABLE.

IL FAUT QUE J'ÉCRIVE À GERMAINE.

Très vite, Picasso se réaccoutuma au temps espagnol...

Mais Casagemas semblait toujours rongé par un mal incurable.

ALORS, LES PARISIENS, COMMENT ELLES SONT, LES PARISIENNES ?

C'EST COMME ICI : ELLES T'EMPÊCHENT DE BOSSER, MAIS PAS POUR LES MÊMES RAISONS !

HA HA HA !

SI JE POSTE MA LETTRE AVANT MIDI, ELLE ARRIVERA PEUT-ÊTRE AVANT SAMEDI.

DIS DONC, SI ON ALLAIT AU BORDEL DE LA RUE D'AVIGNON ? C'EST NOËL, APRÈS TOUT.

VOUS NE PENSEZ DONC QU'À ÇA ?

VOUS VOUS CROYEZ MALINS ?

EH BEN, CARLÈS ?

C'EST CETTE FILLE, ELLE LE REND DINGUE

JE RENTRE À PARIS.

Entre les griffes de mon épouvantable mari, comment aurais-je pu soupçonner l'existence de ce monde de passion et de création ?

MEUNIER, MEUNIER, ♪ TU ES COCU

Je ne m'étonnais même pas d'avoir été lâchée ainsi par une famille avec qui j'avais vécu quinze ans.

UN TOAST POUR LA TANTE DE LA MARIÉE !

J'ai été élevée par une tante que je n'aimais pas avec une cousine que je n'aimais pas.

Ma mère, je l'avais aperçue deux ou trois fois, élégante, distante, parfumée...

À BIENTÔT, MA CHÉRIE.

Mon père, un homme du monde, avait versé un petit pécule à sa sœur pour mon éducation.

SOYEZ BIEN SAGE, MADEMOISELLE.

Chez les petits-bourgeois étriqués de mon enfance, on ne parlait de rien : on n'avait pas le droit de dire "j'ai faim", "j'ai soif", "je m'ennuie"... alors parler d'amour !

Quand, à la campagne, un tonton s'est retrouvé allongé sur moi à me caresser les seins, j'ai crié.

AMÉLIE !

OUH !

Ensuite, j'ai mis une armoire devant la porte.

AMÉLIE ?

Et puis j'ai eu seize ans...

DIEU QU'ELLE EST LAIDE.

YEUX VERTS, MAINS D'ARAIGNÉE, ON VOIT CE QUE ÇA DONNE, CES SANG-MÊLÉ.

J'ai été reçue au brevet simple. Il était question que j'aille au lycée, ensuite j'aurais rêvé d'être comédienne...

MADEMOISELLE LANG, AMÉLIE.

Ayant mangé l'argent pour mon éducation, ma tante décida plutôt de me trouver un parti dans son atelier du Sentier.

FÉLICITATIONS.

... une entreprise de plumes artificielles.

TOUT UN PROGRAMME !

LES FEMMES STOÏQUES DEPUIS L'ANTIQUITÉ

On habitait au-dessus de la fabrique, dans un appartement laid et exigu où même les rais de soleil étaient tristes.

ON VA FAIRE TON BONHEUR MALGRÉ TOI.

On essaya de me marier au jeune comptable dont je devais recopier les factures.

QU'IL EST LENT !

MON DIEU QU'IL EST LENT !

MADEMOISELLE, LES PLEINS ET LES DÉLIÉS SONT LE SIGNE D'UNE ÂME DISTINGUÉE.

TA GUEULE !

"Distingué"... Ce mot, ma tante aussi l'employait à tout bout de champ. Il me dégoûtait et me dégoûte encore.

MONSIEUR ÉDOUARD, AVEZ-VOUS DIT À AMÉLIE AVEC QUELLE DÉVOTION VOUS VOUS OCCUPEZ DE VOTRE MÈRE IMPOTENTE ?

JAMAIS JE N'ÉPOUSERAI CE ROND-DE-CUIR !

Plaisir de désobéir, dès le lendemain, j'acceptais l'invitation d'un type que je n'avais jamais vu.

QUEL POU!

AU SECOURS !

Fou d'amour depuis qu'il m'avait aperçue, il m'écrivait par l'intermédiaire d'Hélène, sa belle-sœur ouvrière à la fabrique.

BONJOUR.

BEUARK...

Mais j'étais flattée : à 28 ans, Paul Percheron était un homme. Il m'a proposé d'aller boire un chocolat au bois de Boulogne.

UN FIACRE ?

ON VA QUAND MÊME PAS PRENDRE LE TRAMWAY COMME TOUS CES LORVEDUS.

En m'installant sur la banquette, j'ai eu une bouffée d'orgueil, je me sentais femme.

IL FAUT QUE JE SOIS DE RETOUR À LA MAISON AVANT SIX HEURES.

PAROLE DE PERCHERON !

Assise sous les prunus, je pris conscience que Paul était mal habillé, sentait trop fort l'eau de Cologne : on nous regardait, j'avais honte.

GARÇON !

GARÇON !

Mais devant les gâteaux et les bonbons, j'oubliais tout... y compris l'heure !

TOUJOURS ÇA QUE LES BOCHES N'AURONT PAS !

HA ! HA ! HA !

Et quand j'ai regardé l'horloge du café, il était six heures quarante-cinq ! J'ai fondu en larmes.

C'EST ... C'EST COMME ... SNIF CHEZ LA COMTESSE DE SÉGUR.

MAZETTE ... ELLE CONNAÎT DES COMTESSES.

ÇA VA ALLER ... JE M'OCCUPE DE TOUT ... VENEZ CHEZ MOI.

MAIS, MON ONCLE ?

JE SUIS PERDUE !

MAIS NON, MAIS NON.

D'un seul coup, Paul m'a entraînée sous les arbres et m'a collé le plus dégoûtant des baisers.

MMFF

IL FAUT QUE JE VOUS APPRENNE BIEN DES CHOSES.

ET TOUT D'ABORD À EMBRASSER.

JAMAIS DE CETTE FAÇON SALE ET INUTILE.

HA ! HA ! HA !

ALLEZ, SUIS-MOI.

Sa figure piteuse et réjouie m'a attirée, je suis comme ça, je ne résiste pas.

ALORS, COMME MADEMOISELLE N'EST JAMAIS ALLÉE AU RESTAURANT, C'EST ELLE QUI PASSE LA COMMANDE.

EUH ... UN CONSOMMÉ AUX PERLES.

TRÈS BIEN.

UN POULET COCOTTE.

OUI.

DU FOIE GRAS.

HMM.

UNE GLACE.

J'ai bu du vin et du sherry brandy, on est allés au concert... j'étais grande, enfin!

On est montés chez lui, dans un immeuble tout neuf face au parc Montsouris.

TU VAS VOIR, J'SUIS PAS LA DUCHESSE DE SÉGUR, MAIS Y A TOUT LE CONFORT MODERNE.

VIENS UN PEU PAR LÀ, MA PETITE VIERGE!

Quelle nuit d'honneur, d'effroi et de dégoût.

AÏE!

OUILLE!

SILENCE!

Hélène, la belle-sœur qui m'avait jetée dans ce bourbier est venue nous voir dès le lendemain avec le frère de Paul...

DIX-SEPT FOIS EN UNE NUIT?

BAH DIS-MOI, FÉLICITATIONS!

UNE BEAUTÉ... UNE INNOCENCE...

QUELLE VULGARITÉ!

HÉ, TU FAIS UNE MANILLE?

ET VOILÀ QU'ELLE ME TUTOIE, MAINTENANT.

Toute cette semaine-là je suis restée seule dans le deux pièces de Percheron... J'oubliais que le soir allait venir.

... et que Paul rentrerait du travail.

BONSOIR, MA PETITE VIERGE.

Jusqu'à ce que ma tante retrouve ma trace et vienne me délivrer.

C'EST ELLE !

MA TANTE !

IL M'A MALTRAITÉE. J'AI DES BLEUS SUR TOUT LE CORPS.

ON LE COFFRE POUR DÉTOURNEMENT DE MINEURE ?

CERTAINEMENT PAS ! MAINTENANT QU'ELLE EST SALIE, C'EST LA MAISON DE CORRECTION OU LE MARIAGE !

Et c'est ainsi que je me suis retrouvée mariée à Paul Percheron.

TOUT COMME SA MÈRE : LE VICE DANS LA PEAU.

COURAGE !

UNE LEVANTINE ! UNE HOURI !

Lorsque l'hiver s'achève, revoilà Pablo, de retour de Barcelone.

Plus un rond en poche. Pour l'oiseau migrateur, il est temps de se replumer.

OLÀ HUEVON!

PABLO!

PATRON! UN CALVA POUR PICASSO!

À HUIT HEURES DU MATIN? VOUS PERDEZ PAS LA SANTÉ, LES MECS.

C'EST PAS PARCE QUE CASAGEMAS A CANNÉ QU'ON VA SE LAISSER MOURIR.

HEIN!?

ME DIS PAS QUE T'ES PAS AU COURANT ?

TU DEVAIS PAS LUI TÉLÉGRAPHIER ?

ENFIN, PABLO, CASA EST MORT EN FÉVRIER !

VOUS VOUS FOUTEZ DE MA GUEULE ?

C'EST À CAUSE DE GERMAINE. QUAND IL EST RENTRÉ IL LUI A FAIT LE GRAND JEU : ROSES ROUGES, BLA BLA, "JE SUIS DE BONNE FAMILLE", "MON PÈRE EST DIPLOMATE"!..

TU PARLES, ELLE S'EN FOUTAIT PAS MAL.

BREF, IL LA DEMANDE EN MARIAGE, ELLE L'ENVOIE PAÎTRE.

AVEC SON CHAPEAU À AIGRETTE, SA BOUCHE EN CUL DE POULE, TU VOIS LE TABLEAU.

ET LÀ, IL CRIE ET ELLE LUI BALANCE DEVANT TOUT LE MONDE QU'IL EST IMPUISSANT.

LUI, NI UNE NI DEUX, IL DISPARAÎT.

TOUT VERT.

LA SEMAINE SUIVANTE, PAF, IL ANNONCE QU'IL DONNE UN DÎNER D'ADIEU DÉFINITIF AVANT DE RENTRER EN ESPAGNE.

ON SE DIT : BON, IL A COMPRIS.

RIEN À FAIRE AVEC GERMAINE.

DE TOUTE FAÇON, Y A QUE L'OMNIBUS QUI NE LUI ÉTAIT PAS PASSÉ DESSUS.

ARRIVE LE DÎNER : QUINZE PERSONNES, BRASSERIE DE L'HIPPODROME, TRÈS CHIC ...

HORRIBLE, JE TE DIS. À L'HIPPODROME, ILS N'AVAIENT JAMAIS VU ÇA.

Et Germaine, tu crois que ça l'a dérangée ? Elle s'est planquée derrière Pallarès, c'est lui qui a pris la décharge.

Y S'EN EST BIEN TIRÉ.

ET GERMAINE QUI L'EMBRASSAIT, QUI LUI DEMANDAIT PARDON.

ET POUR L'AUTRE, QU'ÉTAIT COMPLÈTEMENT MORT, RIEN DU TOUT.

AH, JE TE JURE, IL S'EN EST PASSÉ DES TRUCS QUAND T'ÉTAIS PAS LÀ.

ET QUAND LE MÉDECIN A FAIT L'AUTOPSIE À CASA, ILS ONT DIT QU'IL ÉTAIT MÊME PAS IMPUISSANT POUR DE BON.

QU'ILS AURAIENT PU L'OPÉRER.

TOUT ÇA POUR UN CHINOSIS.

UN PHIMOSIS !

OUAIS, BEN C'EST MOCHE QUAND MÊME.

Le 17 février 1901 à 13 h, Carles Casagemas était déclaré décédé à l'hôpital Bichat.

C'est cet hiver-là que mon mari a commencé à me voler mes chaussures.

Nous avions déménagé en banlieue. Pour être sûr que je ne mette pas les voiles, il partait travailler en emportant mes souliers.

Enceinte, je laissais la porte de l'appartement ouverte et je descendais en chaussettes.

Ce matin-là, j'ai glissé sur du givre et j'ai fait une fausse couche.

J'ai beaucoup saigné, et puis ça s'est arrêté. C'était l'Exposition Universelle, Paris était le centre du monde et j'étais prisonnière dans un deux pièces miteux de Fontenay.

ELLE S'EN REMETTRA, C'EST SOLIDE LES ORIENTALES.

J'avais été livrée comme un rôti ficelé à l'appétit d'un demi-fou.

UN DE PERDU, DIX DE RETROUVÉS !

J'ai essayé de me mettre au ménage, de faire la cuisine, mais je n'y arrivais pas. Tout ce que je tentais était à moitié cru ou finissait en bouillie.

Hélène venait me voir. Elle était vulgaire mais fine mouche.

TON PAUL PERCHERON, TU L'AIMERAS JAMAIS. VIENS TE CONSOLER CHEZ MON AMANT.

TU AS UN AMANT !?

Je tombais des nues. Hélène me prêta une paire de bottines et elle m'emmena désormais dans ses expéditions clandestines.

ON VA BOIRE DU CHAMPAGNE !

J'ai cru fondre dans les bras d'un inconnu. Il avait des mains et non des tentacules, sa bouche n'était pas une ventouse ignoble.

J'ai découvert lors de cette réunion une sensation physique inconnue et quasi divine, où l'on gémit et l'on s'oublie.

Hélène aussi, une fois, m'a déshabillée et m'a embrassée comme un amant.

MAIS C'EST TRÈS AGRÉABLE, ÇA !

Printemps 1901 - Paris n'en finit pas de démonter l'Exposition universelle.

Encore un bon plan des Espagnols, Picasso s'est dégotté un atelier boulevard de Clichy.

Casagemas enterré, Germaine n'a pas tardé à se consoler avec Pablo.

ATTENTION !

Il peint des kilomètres de toiles vives et gaies comme si rien ne s'était passé.

TU VEUX PAS FAIRE UNE PAUSE ?

ÇA, C'EST PARIS !

ACCOUCHE, MAÑACH TU VEUX QUOI ?

JE T'AI DÉGOTTÉ UNE EXPOSITION, PICASSO, ET PAS CHEZ N'IMPORTE QUI...

RUE LAFFITTE, CHEZ VOLLARD.

Y M'FAUT UNE CENTAINE DE TOILES.

DANS UN MOIS.

TU LES AURAS.

Le 25 juin 1901, pour sa première exposition, Picasso montre ses toiles dans la prestigieuse galerie d'Ambroise Vollard.

TON EXPO A UN SUCCÈS D'ENFER. MÊME VOLLARD A ARRÊTÉ PROVISOIREMENT DE FAIRE LA GUEULE, C'EST UN SIGNE QUI NE TROMPE PAS.

C'EST LE DÉBUT DE LA FORTUNE, PABLO.

TU PARLES!

MÊME SI J'AI TOUT VENDU, AVEC LE BLÉ QUE VA ME SIPHONNER MAÑACH ET LES VINGT POUR CENT DE VOLLARD, IL VA ME RESTER DES QUEUES DE CERISE.

VOUS ÊTES L'AUTEUR?

MA FEMME SOUHAITERAIT SAVOIR CE QUE SIGNIFIE LE TEXTE EN ESPAGNOL SUR VOTRE DESSIN.

EUH... YÉ NÉ PARLE PAS FRANÇAIS!

EH BIEN... "CUANDO TENES GAÑAR DE JODER, JODE*!" C'EST UN PROVERBE CATALAN... TRADITIONNEL.

COMME C'EST FRAIS.

DITES, JE VIENS D'ACHETER VOTRE TOILE DU "GOURMAND"...

?

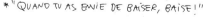

* "QUAND TU AS ENVIE DE BAISER, BAISE!"

MAIS OÙ ALLEZ-VOUS CHERCHER TOUT ÇA ?

JE LUI DIS QUE J'AI RECOPIÉ UNE RÉCLAME POUR LE CHOCOLAT ?

PEUT-ÊTRE PAS, NON.

ON PEUT VRAIMENT LEUR FAIRE AVALER N'IMPORTE QUOI.

DU CHOCOLAT C'EST PAS SI MAL.

MOUAIS... OU DE LA MERDE !

IMPRESSIONNISTE !?

POST-IMPRESSIONNISTE !

POST-NABI ?

ALLEZ, ON DÉCARRE, ÇA ME DÉPRIME.

ON VA OÙ ?

AU BORDEL !

C'EST TOI QUI PAIES !

PARDON.

CE REGARD...

ÇA VOUS PLAÎT, MONSIEUR JACOB ?

!?

C'EST...

Est-ce ce jour-là que Max Jacob est tombé amoureux de Picasso ?

C'EST VRAIMENT UN AUTOPORTRAIT ?

VOUS ÊTES INTÉRESSÉ ? IL EST MIS À PRIX CENT FRANCS.

HÉLAS, MONSIEUR VOLLARD, MA BOURSE N'EST PAS AUSSI PLEINE QUE MES DÉSIRS.

C'EST UN ARTISTE ASSEZ COMMERCIAL...

MAIS CETTE TOILE, PERSONNE N'EN VEUT

CE DOIT ÊTRE LES OMBRES VERTES.

ÉCOUTEZ, VOLLARD...

DONNEZ-MOI L'ADRESSE DE CE PICASSO, IL FAUT QUE JE LUI PARLE.

VOLLARD ! ON ACCEPTE LES FRANCS SUISSES ?!

C'était irrépressible...

...il fallait que Max Jacob rencontrât Picasso.

BON SANG.

J'AURAIS PAS DÛ METTRE LA PÈLERINE DE PAPA.

SI C'EST ENCORE ODETTE, JE LA FOUS À LA PORTE.

TOC TOC

OUI ?

Pour le poète de Quimper, le visage du jeune Espagnol fut comme une apparition.

JE...

VOUS...

EUH...

Un visage comme un ivoire sans pli, un regard de feu sous la mèche de corbeau.

VEUILLEZ EXCUSER L'OUTRECUIDANCE DE MA DÉMARCHE...

PURÉE, JE COMPRENDS RIEN À CE QU'IL RACONTE.

PABLO A APPORTÉ DE QUOI FAIRE VOTRE PORTRAIT.

J'AI TROUVÉ LES VERRES.

JE LUI AI DIT QUE VOUS ÉTIEZ POÈTE, COMME MOI. IL N'A JAMAIS PEINT DE POÈTE.

C'EST MERVEILLEUX.

VOUS CONNAISSEZ PAS DE CHANSONS FRANÇAISES ?

NON... MAIS JE PEUX VOUS RÉCITER DU VERLAINE, SI VOUS VOULEZ.

DU SAUCISSON À L'AIL !

BRAVO !

POM POM POM POM

"Il pleure dans mon cœur comme il pleut sur la ville. Quelle est cette langueur qui pénètre mon cœur ?"

POM POM POM POOOM

ARRÊTE DE JOUER BEETHOVEN, CABRÒN !

"Ô bruit doux de la pluie par terre et sur les toits. Pour mon cœur qui s'ennuie ô le chant de la pluie".

ANARCHIE !

AUX FEMMES !

SALUD !

Il pleure sans raison dans ce cœur qui s'écœure. Quoi ! Nulle trahison ? Ce deuil est sans raison...

HÉ, MAIS C'EST BON, ÇA.

C'est bien la pire peine / De ne savoir pourquoi Sans amour et sans haine / Mon cœur a tant de peine.

Et bien plus tard...

TU ES UN GRAND POÈTE.

EUH ... C'EST QUE CE N'EST PAS DE MOI

DIS-MOI TES POÈMES, ALORS.

MES POÈMES !?

EUH...

LE RECUEIL EST DANS LA VALISE.

BOUGE TES FESSES !

S'IL N'AIME PAS MES TEXTES JE ME JETTE DANS LA SEINE.

HÉ!

EUH...

"Les manèges déménagent... Manèges ménageries, où ? Et pour quels voyages ? Moi qui suis en ménage. Depuis...ah! Il y a bel âge !...

De vous goûter, manèges, je n'ai plus... que m'ai-je ? L'âge !"

FANTASTIQUE !

ENCORE!

JE NE COMPRENDS RIEN, MAX, MAIS ÇA BALANCE.

C'EST LE PLUS BEAU JOUR DE MA VIE.

Quand le clocher de Notre-Dame a sonné cinq coups, les Espagnols ont fini par décoller.

JE REVIENDRAI!

Éperdu de reconnaissance, Max avait offert à Pablo ses plus beaux trésors : une gravure de Dürer, deux lithographies de Daumier et Gavarni et sa collection d'images d'Épinal.

ÇA MANQUE DE GONZESSES

TA GUEULE!

Quand l'horloge de la mairie de Fontenay-sous-Bois a sonné six coups, Paul Percheron s'est levé pour prendre son service à l'usine.

C'était la dernière fois que je le voyais.

J'ai ramassé mon livret de famille, mon acte de mariage, mes diplômes...

ŒIL POUR ŒIL DENT POUR DENT.

TU ME PIQUES MES SOULIERS, JE TE PIQUE TES BOTTES.

et avec les deux francs cinquante que j'avais économisés, j'ai pris le train pour Paris.

J'avais entendu parler d'un bureau de placement à la Bastille.

VOTRE BREVET SIMPLE, JE M'EN FICHE COMME D'UNE GUIGNE ! SAVEZ-VOUS SEULEMENT TENIR UN MÉNAGE ?

OH OUI MADAME.

BON, REVENEZ À QUATRE HEURES.

En attendant, j'ai erré, le ventre vide rue Saint-Paul.

Je n'osais pas m'acheter un petit pain. On m'avait dit que ça ne se faisait pas de manger dans la rue.

EXCUSEZ-MOI DE VOUS IMPORTUNER, MADEMOISELLE...

JE M'APPELLE LAURENT DE BIENNE...

POUSSERAIS-JE L'AUDACE JUSQU'À VOUS INVITER À PARTAGER UNE BRIOCHE À L'INTÉRIEUR ?

MERCHI.

J'AVAIS FAIM, PARDON.

EUH...

VOUS VOUS APPELEZ VRAIMENT "LAURENT BRIOCHE"?

OÙ ALLEZ-VOUS CHERCHER TOUT ÇA?

JE SUIS LAURENT DEBIENNE, SCULPTEUR D'ART.

JE VOUS AI VUE SORTIR DU BUREAU DE PLACEMENT. OUBLIEZ CETTE FÂCHEUSE IDÉE.

UNE PERSONNE COMME VOUS A BIEN MIEUX À FAIRE QU'ALLER SE CONSUMER CHEZ DES MAÎTRES INDIGNES.

VOUS AVEZ LU LE "JOURNAL D'UNE FEMME DE CHAMBRE"? JE NE PENSE PAS, NON.

AVEZ-VOUS DÉJÀ POSÉ?

POSÉ QUOI?

HA HA! NON, JE VEUX DIRE: VOTRE PERSONNE EST INTÉRESSANTE, VOUS POURRIEZ ÊTRE MODÈLE.

VOUS ME DITES NE PAS SAVOIR OÙ ALLER. JE VOUS OUVRE LES PORTES DE MON ATELIER, RUE DE LA GAÎTÉ. GÎTE ET COUVERT EN ÉCHANGE DE QUELQUES HEURES DE POSE.

BAH...

D'ACCORD!

TADAM!

VOUS POUVEZ DORMIR ICI, ON VOUS ARRANGERA LE PETIT MATELAS.

VOUS ÊTES SÛRE QUE ÇA NE VOUS DÉRANGE PAS DE COMMENCER DÈS MAINTENANT ?

NON NON.

J'AI LA GLAISE QUI ME DÉMANGE.

♪

DIEU !

IL EST DÉJÀ DIX-NEUF HEURES !

MAMAN VA ENCORE ROUSPÉTER.

À trente ans, Laurent Debienne vivait encore chez ses parents.

ALLEZ BONSOIR, JE VOUS LAISSE VOUS DÉBROUILLER JUSQU'À DEMAIN

IL Y A DES FRUITS ET DU RÔTI DE VEAU DE MAMAN DANS LE BUFFET.

La décence m'avait enseigné qu'il fallait toujours passer une chemise propre par-dessus la sale. Restée seule dans l'atelier, comme je n'avais ni draps ni linge, j'ai dormi nue, emmitouflée dans une peau de bête.

En imaginant la tête de ma tante si elle me voyait ainsi, j'ai eu un fou rire...

Pour la première fois de ma vie, j'étais libre.

BEN, PABLO!

IL EST DIX-NEUF HEURES ET T'ES PIEUTÉ! ON AVAIT DIT QU'ON IRAIT DANSER AVEC MANOLO AU BAL BULLIER.

ÇA M'EMMERDE, JE N'EN PEUX PLUS DE CETTE MASCARADE.

TOUTE CETTE BANDE DE CRASSEUX ME FILE LA NAUSÉE.

MASCARADE? NAUSÉE? OÙ EST-CE QUE TU AS PÊCHÉ TOUS CES MOTS?

ET REGARDE MA PEINTURE, ELLE PUE L'ARTIFICE.

LA VÉRITÉ, C'EST QU'ON FAIT SEMBLANT DE VIVRE, GERMAINE!

"UNE SAISON EN ENFER!"

"SPLEEN!"

QUELLE BLAGUE!

QUI EST-CE QUI T'A FAIT GOBER QUE TU POUVAIS APPRENDRE LE FRANÇAIS AVEC DES ÂNES PAREILS?

MAX A RAISON: LES FEMMES NE COMPRENNENT RIEN À LA POÉSIE.

MAX JACOB?

JE L'AURAIS PARIÉ!

À TRAÎNER AVEC CE GENRE DE GUIGNOL, TU FINIRAS COMME LUI: YOUPIN ET PÉDÉRASTE.

56

LA "MORT DE CASAGEMAS" ?

QU'EST-CE QUE C'EST QUE CETTE HORREUR ?

TU AVAIS BESOIN DE LE TUER UNE DEUXIÈME FOIS, OU QUOI ?

TU NE COMPRENDS PAS, MAÑACH. LA VIE, C'EST PAS QUE DES FILLETTES MULTICOLORES QUI LÈVENT LA JAMBE.

ON EST ENTOURÉS PAR LA MORT !

DERRIÈRE CES MASQUES IL Y A LA MALADIE, DERRIÈRE LE DÉSIR : LE DÉSESPOIR...

BREF, C'EST COMPLÈTEMENT INVENDABLE.

JE TE LE DIS : JE N'AI PAS DU TOUT L'INTENTION D'ÊTRE L'AGENT D'UN POÈTE MAUDIT.

ALORS ÉCOUTE, MON BONHOMME...

SOIT TU TE SORS CETTE IDÉE DE LA TÊTE, SOIT TU PRENDS TON FOURBI ET TU FOUS LE CAMP DE MA TURNE.

Et c'est ainsi que Picasso s'est retrouvé hébergé par Max Jacob.

TU ES SÛR QUE ÇA NE TE GÊNE PAS ?

ÇA M'ENCHANTE, MAIS JE NE SAIS PAS SI TOUT ÇA VA RENTRER.

Sa nouvelle adresse du boulevard Voltaire n'était guère plus spacieuse que le quai aux Fleurs.

AU MOINS ON N'EST PAS DÉRANGÉS PAR NOTRE-DAME.

VOILÀ TON LIT.

ET TOI ?

JE PEUX DORMIR SUR LE TAPIS AVEC UNE BONNE COUVERTURE, JE...

PAS QUESTION, ON PARTAGE.

MOI JE TRAVAILLE LA NUIT, TOI TU TRAVAILLES LE JOUR, ON DORMIRA À TOUR DE RÔLE.

QUELLE DÈCHE ! ÇA ME FOUT EN ROGNE.

NE T'INQUIÈTE PAS... AVEC MON EMPLOI DE MAGASINIER À PARIS-FRANCE, JE PEUX FAIRE TOURNER NOTRE PETIT MÉNAGE COMME IL FAUT.

CE N'EST PAS QUE LE TRANSPORT DE CARTONS ET L'ACHALANDAGE DE RAYONS SOIENT PASSIONNANTS PASSIONNANTS, MAIS SI ÇA PEUT TE PERMETTRE DE PEINDRE, L'ART PASSE AVANT TOUT.

MAX, JE NE PEINS QUE DES NULLITÉS. JE FERAIS AUSSI BIEN DE ME FOUTRE PAR LA FENÊTRE !

HOP !

TERMINÉ LA RIGOLADE !

PABLO !

"Bah! Malgré les destins jaloux, mourons ensemble, voulez-vous? La proposition est rare."

"Le rare est le bon. Donc mourons. — Hi! hi! hi! Quel amant bizarre. — Bizarre, je ne sais. Amant irréprochable assurément!"

"Si bien que ce soir-là, à deux assis, ils eurent l'inexpiable tort d'ajourner une exquise mort."

C'EST PAS DE TOI!

VERLAINE, "LES INDOLENTS."

T'ES CON!

ALLEZ VIENS, ON VA BOUFFER AU RESTAURANT.

FÊTER NOTRE NOUVELLE VIE.

LE MAQUEREAU ?

C'EST LUI !

LA SAUCISSE ?

C'EST LUI.

AH MAIS ÇA PUE !

ET CE POISSON, QUELLE INFECTION !

ÇA SCHLINGUE !

OUI !

ALLEZ, SALUD !

À NOTRE NOUVELLE VIE !

IL FAUT VRAIMENT PEINDRE, PABLO, CE QUE TU AS AU FOND DE TOI. TA "MORT DE CASAGEMAS" EST SUBLIME ! DÉROUTANTE !

ET CETTE FLAMME ÉTRANGE SUR LA TOILE, C'EST UNE FORME DE VULVE, NON ?

C'EST LA FEMME, MAX. ELLE DONNE LA VIE, ELLE TUE, ELLE NOURRIT LE SOUTENEUR.

L'ENVERS DU DÉCOR, HEIN !

C'EST ÇA QUE JE VEUX PEINDRE : LA VÉRITÉ POURRIE SOUS LES HABITS DE FÊTE.

PABLO, JE CROIS QUE TU AS BESOIN D'UNE CURE DE VÉRITÉ. TU CONNAIS LA PRISON SAINT-LAZARE ? NON ? TRÈS BIEN, ALORS JE VAIS TE FAIRE RENCONTRER LA MORT EN PERSONNE.

Max Jacob avait arrangé pour Picasso une visite de Saint-Lazare, la plus grande des prisons de femmes, la face cachée de la grande orgie parisienne...

BIENVENUE DANS NOTRE PETIT ENFER...

ON N'A PAS SOUVENT DE VISITES D'ARTISTES... À CROIRE QUE LA MISÈRE NE FAIT PAS VENDRE.

DES PROSTITUÉES, ON EN A DES MILLIERS ICI, DES RICHES, DES PAUVRES... LA "MAISON CLOSE", C'EST NOUS !

DEPUIS 1802, LA VISITE MÉDICALE EST OBLIGATOIRE : LA SYPHILIS NOUS DÉCIME DES GÉNÉRATIONS.

VOUS CONNAISSEZ LA SYPHILIS, MONSIEUR PICASSO ?

AU DÉBUT LE MAL EST INVISIBLE : PENDANT VINGT SEMAINES, UN CHANCRE INOCULATEUR CACHÉ SUR LE GLAND, LA VULVE, LE VAGIN... UNE PETITE PLAIE ROSE, PROPRE, D'ASPECT CARTONNÉ... ET HORRIBLEMENT CONTAGIEUSE, N'EST-CE PAS.

OUI, CELLE-LÀ A TRANSMIS SA GRANDE VÉROLE IN UTERO À SON PETIT.

C'EST SEULEMENT AU TROISIÈME STADE QUE SURGISSENT LES DÉGÉNÉRESCENCES LES PLUS SPECTACULAIRES... ON LES PARQUE À L'ÉTAGE EN ATTENDANT LA FIN.

LE "MAL ESPAGNOL" !

NE LE PRENEZ PAS POUR VOUS : ICI ON L'APPELLE AUSSI LE "MAL ANGLAIS", "ALLEMAND"... EN FONCTION DE L'ENNEMI DU MOMENT, QUOI.

VOUS AVEZ L'ESTOMAC BIEN ACCROCHÉ, J'ESPÈRE.

Mon nouveau métier de modèle marchait du tonnerre. Je faisais un tabac chez les peintres pompiers.

Henner ne peignait que des rousses...

Mac Ewen me déguisait en Hollandaise et me faisait peler des légumes.

Bordes, en bon portraitiste mondain, me faisait poser en grand tralala dans les robes de ses clientes de la Haute.

Le vieux Cormon, Alexis Axilette et ses sourcils en "V", Carolus-Duran et son air imbécile, Boldini le satyre ventru...

...Rochegrosse et sa coupe de Guillaume Tell, obsédé par les harems, Alfred Roll et sa tête de hibou, Dubufe le mondain...

Je découvrais sans cesse de nouvelles têtes, de nouveaux décors avec une curiosité insatiable.

L'excentricité de façade des artistes me séduisait, mais ils étaient tellement prévisibles...

... prisonniers qu'ils étaient des convenances et de leurs rêves de gloire sociale à deux sous. Aucun ne me faisait envie.

VOUS PARTEZ DÉJÀ ?

JE POSE TANTÔT CHEZ ÉDOUARD SAINT.

Enfin ... j'étais gaie, forte, incapable du moindre calcul..., les coups durs ne m'avaient pas entamée.

ET N'OUBLIEZ PAS, DEMAIN DIX HEURES !

SANS FAUTE MONSIEUR CARLIER.

J'avais su du jour au lendemain tirer un trait définitif sur mon passé.

T'AS DES NOUVELLES DE PICASSO? IL NE MET PLUS JAMAIS LES PIEDS DANS LE QUARTIER.

IL PARAÎT QU'IL VIT COMPLÈTEMENT RECLUS DU CÔTÉ DU BOULEVARD VOLTAIRE...

... ET QU'IL NE PEINT PLUS QUE DES TRUCS SINISTRES.

ET COMMENT IL GAGNE SA CROÛTE ?

IL SERAIT ENTRETENU PAR SON JUIF À JAQUETTE.

HI HI HI, C'EST LE MONDE À L'ENVERS !

CHUT, ATTENDS ! REGARDE QUI ARRIVE.

MON DIEU, MAIS C'EST LUI !

IL EST MÉCONNAISSABLE !

MONSIEUR PABLO! ÇA FAIT LONGTEMPS QU'ON NE VOUS A PAS VU PAR ICI.

JE NE TRAVAILLE PLUS DANS LE QUARTIER.

EN VEUX PAS ! M'INTÉRESSE PAS.

VOLLARD...

APRÈS TOUT, QUI NE TENTE RIEN N'A RIEN.

AH! AH! AH! AH!

VOUS ÊTES DEVENU FOU.

ET PUIS VOTRE CLOCHER EST DE TRAVERS.

VOUS FILEZ UN MAUVAIS COTON, PICASSO.

Rejeté par le monde de la peinture, il semblait à Pablo que le seul à encore s'extasier sur son travail était Max Jacob.

EH, MAX, TU VIENS À LA CANTINE POUR LE DÉJEUNER ?

J'ARRIVE !

Y A PAS À DIRE, LES GARS...

...ON MANGE MIEUX CHEZ PARIS-FRANCE QU'AU BAZAR DE L'HÔTEL DE VILLE.

LES QUENELLES, PAR EXEMPLE : EH BIEN QUAND J'ÉTAIS SALARIÉ AU BHV, JE...

ALORS !?

!

?

COMME ÇA TU BAISES MA FEMME !?

!?

AVANT DE CHOISIR SA MAÎTRESSE, IL FAUT REGARDER. LE MARI !

!?

MAIS ENFIN... JE N'AI JAMAIS TOUCHÉ DE FEMME DE MA VIE.
POUR LES ECCHYMOSES, ESSAIE LES ESCALOPES.

IL FAUT LUI DONNER SA DEMI-JOURNÉE.

BIGRE!

QUAND JE VAIS RACONTER ÇA À PICASSO...

DÉFENSE D'AFFICHER LOI DU 29 JUILLET 1881

!?

JE M'APPELLE CÉCILE. JE TRAVAILLE AUX EXPÉDITIONS CHEZ PARIS-FRANCE.

JE SUIS LA FEMME DE LA BRUTE QUI VOUS A FRAPPÉ TANTÔT.

JE PEUX ENTRER ?

... ET C'EST QUAND IL ME QUESTIONNAIT QUE J'AI INVENTÉ QUE VOUS ÉTIEZ MON AMANT.

MA PAUVRE PETITE.

AH MAIS JE M'EN FICHE, MOI !

DE TOUTE FAÇON J'EN AI DÉJÀ EU TREIZE, DES AMANTS !

C'EST INTÉRESSANT.

UN CHIFFRE FUNESTE, N'EST-CE PAS ?

IL A RAISON.

ATTENDEZ...

LAISSEZ-MOI VOIR VOTRE OEIL.

OUH LÀ !

OUPS !

Et c'est ainsi que Max Jacob connut sa première aventure féminine.

MAX NE VA PAS M'ENTRETENIR À VIE COMME ÇA.

IL FAUT QUE ÇA CHANGE.

PABLO!

EUH...

VOICI MADEMOISELLE... EUH...

CÉCILE.

EN FAIT C'EST JUSTE QUE...

MAIS MAX, C'EST FANTASTIQUE! UN NOUVEAU MONDE S'OUVRE À TOI.

ÉCOUTE, C'EST JUSTEMENT LE MOMENT POUR MOI DE PARTIR.

INVENTER QUELQUE CHOSE...

MA FAMILLE M'INVITE À MÁLAGA POUR NOËL.

QU'EST-CE QUE TU RACONTES?

TU ES SÛR QUE...

MAIS OUI! VIS TA VIE!

MAIS JE T'EN SUPPLIE. FAIS-MOI UNE PROMESSE, ABANDONNE TON BOULOT STUPIDE ET ÉCRIS!

TU N'AURAS PLUS À ENTRETENIR DE VIEUX CHIEN ESPAGNOL.

TU ES UN POÈTE, VIS EN POÈTE!

ET VIVE LES FEMMES, MAX!

Picasso encore envolé, Max Jacob, fidèle à sa promesse, s'appliqua à devenir un vrai bohème.

MAXOU !

LACE-MOI DONC MON CORSET, VEUX-TU ?

Il démissionna, prit une chambre en bas de Montmartre, mais sa liaison se transforma vite en corvée.

BISOU ?

L'inculture de sa fiancée et sa curieuse manie de tricoter inlassablement des vêtements de poupée finirent par terriblement l'accabler.

CÉCILE, IL FAUT QU'ON PARLE.

?

L'ayant renvoyée en conservant pour seul souvenir un corsage couleur chair et un portrait d'elle au marc de café, il retourna à ses sergents de ville.

C'EST ELLE ?

ELLE EST AFFREUSE.

Devenir artiste, mais pour quoi faire ?

"Je suis sodomite sans joie, mais avec ardeur"

C'EST QUI CE PABLO ?

Mon artiste à moi, en décembre 1901, ressemblait à quelque chose de différent.

TU TE RENDS COMPTE ? DE LA GLAISE À TRENTE SOUS !

JE LUI AI DIT VOUS RÊVEZ, ET...

De bienfaiteur, Laurent Debrienne était très naturellement devenu mon amant.

J'AI LU DANS "L'ILLUSTRATION" QUE LA VIANDE DE LAPIN POSSÈDE DES VERTUS LAXATIVES REMARQUABLES, ET...

Il était lent, si lent. Gentil mais ennuyeux à mourir.

LE PAUVRE HOMME, DEHORS PAR CE FROID.

BON, ON Y VA, LÀ ?

QUELLE VISION! NON MAIS QUELLE VISION!

Aussi, lorsqu'il ramena un clochard à la maison sous prétexte de le sculpter...

DU VIN!

IL EST SI PITTORESQUE!

...Je saisis cette occasion pour proposer un changement dans cette vie de couple.

ENFIN, CHÉRIE, ON NE PEUT PAS LE METTRE DEHORS EN PLEIN HIVER!

ÇA FAIT UN MOIS QU'IL TRAÎNE ICI : MAINTENANT C'EST LUI OU MOI !

Nous abandonnâmes donc l'atelier de la rue de la Gaîté à son occupant pour emménager à Montmartre.

MONTMARTRE ? C'EST UN QUARTIER DE CLODOS, ÇA !

JE VOUS INSCRIS À QUEL NOM?

DEBIENNE LAURENT.

DE LA BAUME FERNANDE.

J'imaginais ma nouvelle existence en m'inventant une nouvelle identité.

FERNANDE? MAIS... ...AMÉLIE!?

B-A-U-M-E.

Tous les modèles qui circulaient dans l'étrange bâtisse où nous nous installions avaient des noms de guerre qui empêchaient leur passé de los rattraper.

BONJOUR MIMI.

SALUT FERNANDE.

BONJOUR MONSIEUR DURRIO.

Ancienne manufacture de pianos construite à flanc de colline, le bâtiment avait été aménagé en ateliers pour artistes.

BON SANG, QUEL FROID DE GUEUX! LES MURS SONT EN PAPIER À CIGARETTE, ICI!

À l'époque, la quinzaine d'occupants connaissait ce lieu sous le nom de la "maison du trappeur".

POUR L'EAU, IL FAUT DESCENDRE L'ESCALIER VERMOULU JUSQU'À LA COURETTE ... PRENDS UNE CHANDELLE.

... mais ce vaisseau corsaire espagnol accroché à la butte allait comme nous tous entrer dans l'histoire sous une autre identité.

IL Y A UNE FONTAINE... MAIS ON N'Y VOIT GOUTTE! HA! HA! HA!

Le "Bateau-Lavoir" ! À première vue on aurait dit une maison comme les autres. C'était, dès qu'on y pénétrait, une véritable fourmilière aux galeries sombres, sur quatre niveaux, pleine de recoins mystérieux et humides.

L'entrée principale se faisait par la place Ravignan, mais l'on se trouvait alors au dernier étage.

La fontaine

Le potager appartenait au marchand des quatre saisons, le seul locataire qui ne se prétendait pas artiste.

Du haut de cette butte, l'on pouvait rester des heures à contempler la ville... il y soufflait un air limpide qui élargissait la poitrine.

Parmi les voisins du Bateau-Lavoir, l'un des plus singuliers vivait au sept de la rue Ravignan.

BONJOUR, MADAME SUZON.

JE VOUS AI TRICOTÉ DES CHAUSSETTES.

PASSEZ DONC LES PRENDRE TANTÔT.

Chouchou des ménagères du quartier, cet homme raffiné à la politesse étrange exerçait la profession d'astrologue.

BONJOUR MA SOEUR.

SATAN !

Dans son local sans fenêtres qui puait le tabac, le pétrole et l'éther, on voyait défiler tout Montmartre.

JE VOIS... UN BEL INCONNU À LA PEAU SOMBRE...

C'est ainsi que j'ai fait la connaissance de Max Jacob.

LA BELLE FERNANDE ! QUE ME VAUT LE PLAISIR DE VOTRE VISITE ?

C'était lui qui avait inventé le nom du "Bateau-Lavoir".

JE VOUDRAIS SAVOIR SI JE VAIS RESTER AVEC MON FIANCÉ.

LE SCULPTEUR DEBIENNE ?

HMM.

Les mois passaient, mais le changement d'horizon n'avait pas amélioré ma relation avec Laurent.

LAISSEZ-MOI CONVOQUER LES ESPRITS DE LA KABBALE ET DU ZOHAR...

Au lieu de travailler, il passait sa journée à fixer des étagères ou à réparer un tiroir.

"LE BON OUTIL FAIT LE BON OUVRIER."

Mes heures de pose faisaient tourner le ménage.

Mais un matin que je rentrais plus tôt que prévu...

OLA FERNANDE!

ON TE PAYE UN COGNAC?

TOUJOURS À TRAÎNASSER, LES ESPAGNOLS!

... Je trouvai Laurent en besogne sexuelle sur son modèle, une gamine pleine de poux.

Ça, c'était une première!

DEHORS!

DONNEZ-MOI D'ABORD MON ARGENT.

CINQ FRANCS?

C'EST DIX, D'HABITUDE.

C'était ce que je gagnais en huit heures de pose.

Je déclarai avec mépris à Laurent qu'il paierait ses modèles en vendant ses hypothétiques "œuvres" et dormis dès lors sur le divan derrière un paravent.

TU NE COMPRENDS RIEN À L'ART!

PENSEZ DONC! JE VOUS AMÈNE UN NOUVEAU VOISIN.

L'ATELIER DE PACO DURRIO SE LIBÈRE AU BATEAU-LAVOIR.

J'AI DONC ÉCRIT À MON GRAND AMI DE BARCELONE: IL A DÉCIDÉ DE ME REJOINDRE ENFIN!

PABLO PICASSO!

UN IMMENSE ARTISTE VA RETROUVER SON CHER PARIS!

ENCORE UN MÉTÈQUE? CE N'EST PLUS MONTMARTRE, C'EST LE ROCHER DE GIBRALTAR.

VOUS ME TAQUINEZ, FERNANDE. RIEN NE POURRA GÂCHER CETTE BELLE JOURNÉE DE PRINTEMPS.

Parlez-en, du printemps! Malgré tous mes amants, suscitant la jalousie féroce de Debienne, j'étais insatisfaite.

TU PRÉFÈRES QU'ON FASSE L'AMOUR OU QU'ON AILLE VOIR LES TOILES DE CÉZANNE AU LUXEMBOURG?

Rodolphe Salis, Othon Friesz, Raoul Dufy... que d'énergie gaspillée!

EUH...

CÉZANNE AU LUXEMBOURG.

C'est ainsi que nous vîmes débarquer Picasso.

CHAUD DEVANT !

ATTENTION, ÇA TACHE, HIHI.

ALORS, ÇA TE PLAÎT ?

MAX, QUI EST CETTE FILLE SUBLIME DANS LE COULOIR ?

C'EST FERNANDE, UN MODÈLE DU COIN.

MAIS SINON, L'ATELIER, ÇA TE PLAÎT ?

QUEL CHIEN ! QUEL REGARD ! ELLE EST MARIÉE ?

Dès la première seconde, cet Espagnol qui ne ressemblait à rien n'eut d'yeux que pour moi.

Impossible de savoir de quel milieu il venait, petit, trapu, il entreprit de me faire la cour.

?

JE VOUS AI ACHETÉ UN JAMBON ET UNE LITHOGRAPHIE.

Il baragouinait un français difficilement compréhensible. Je le dépassais d'une bonne tête, et le voir bomber le torse ne provoquait que mon hilarité.

FERNANDE!

JÉ VOUS OFFRE OUNE PATIN À GLACE.

JE SUIS OCCUPÉE, PABLO.

Pour quelques sous supplémentaires, Max Jacob fabriquait des talismans à ses clients...

JE VOIS...

... UNE PASSION BRÛLANTE ...

SI C'EST VOTRE AMI PEINTRE, CE N'EST PAS LA PEINE D'Y PENSER, MAX.

... légers pour ceux qu'il aimait, en granit pour ceux qui lui déplaisaient. Le mien était entre les deux : une plaque en cuivre que j'allais trimballer ma vie durant.

QUEL CHARME!

OUI, BON, N'EXAGÉRONS RIEN.

La seule fois où mon indifférence sembla vaciller fut cette rencontre fortuite dans l'obscurité où la fontaine se cachait.

Puis vint ce jour de septembre...
il faisait lourd, une chaleur suffocante
et j'avais posé toute la journée...

ON S'ARRÊTE LÀ
POUR AUJOURD'HUI ?

Le soir, en rentrant au Bateau-Lavoir...

... les nuages ont enfin crevé.

PLUS VITE !

Pablo était dans l'entrée...

TU ES TREMPÉE, NON ?

Il me barrait la route, quelque
chose serré contre sa poitrine.

TIENS !

Miaou

Ses yeux brûlaient et se moquaient à la fois. J'ai vu sa bouche large, si bien dessinée...

VIENS VOIR MON ATELIER.

Sur sa porte, ses copains se donnaient des rendez-vous à la craie.

ATTENDS !

MANOLO EST CHEZ AZAN

CASALS T'ATTEND CHEZ FREDI

Je suis chez le bistro Picasso

VOILÀ.

au rendez-vous des Poètes

OH !

Je me souviens encore de l'odeur : un mélange de chien mouillé, de pétrole, de poussière et de tabac... une odeur de travail. Ça me changeait de Laurent qui discourait des heures sur ses œuvres en se contentant de remettre des linges sur des esquisses qu'il ne finirait jamais.

Comment avait-il eu le temps de peindre tout ce que je voyais ? Tant de femmes...

VIENS !

VIENS VOIR !

REGARDE DANS MON TIROIR...

À suivre